AF310662

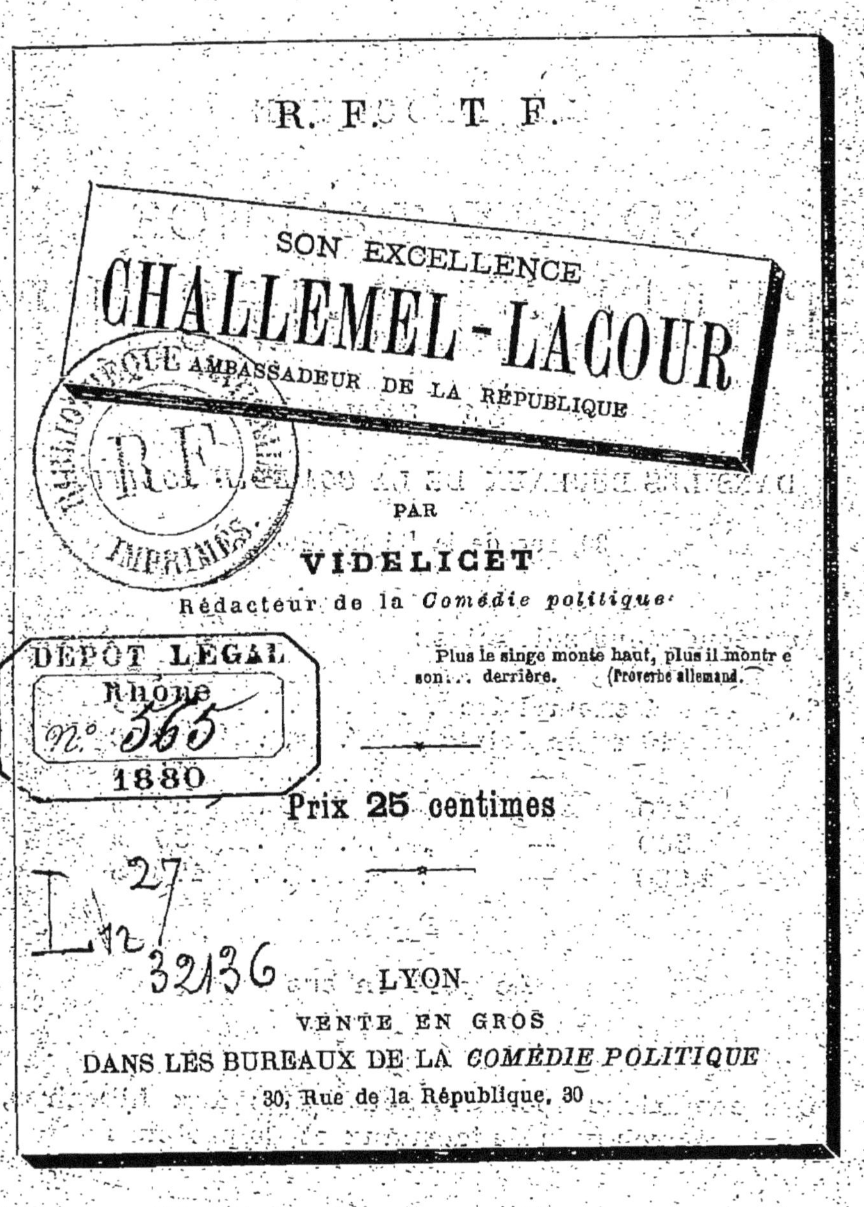

PAR

VIDELICET

Rédacteur de la *Comédie politique*

Plus le singe monte haut, plus il montre
son ... derrière.   (Proverbe allemand.)

Prix 25 centimes

LYON

VENTE EN GROS

DANS LES BUREAUX DE LA *COMÉDIE POLITIQUE*

30, Rue de la République, 30

PRÉFACE

Le *Journal officiel* du 12 juin 1880 a publié le décret suivant :

Le Président de la République française,

Sur la proposition du président du Conseil, ministre des affaires étrangères,

Décrète :

Art. 1ᵉʳ. — M. Challemel-Lacour, sénateur, ambassadeur de la République française près la Confédération suisse, est nommé ambassadeur de la République française près S. M. la Reine du Royaume-Uni de la Grande-Bretagne et d'Irlande, Impératrice des Indes, en remplacement de M. Léon Say, dont la démission est acceptée.

Art. 2. — Le président du Conseil, ministre des affaires étrangères, est chargé de l'exécution du présent décret.

Fait à Paris, le 11 juin 1880.

Jules Grévy.

Par le Président de la République,

Le président du Conseil, ministre des affaires étrangères,

C. de Freycinet.

C'est ce décret du 11 juin qui m'a dicté la présente brochure.

Videlicet.

PREMIÈRE PARTIE

LES PATRONS DE CHALLEMEL-LACOUR

Le 5 septembre 1870, la réunion d'émeutiers, de malfaiteurs et d'imbéciles qui, à la faveur de l'invasion prussienne, s'était emparée à Lyon de tous les pouvoirs et administrait la ville et le département sous le titre de « Comité de salut public » reçut coup sur coup les deux dépêches suivantes :

Paris, 5 septembre 1870, 12 h. 39 soir.

Le gouvernement envoie ses félicitations à la cité lyonnaise. Le citoyen Challemel-Lacour est nommé préfet du Rhône.

GAMBETTA.

Paris, 5 septembre 1870, 5 h. 48 soir.

Intérieur à Comité de salut public, Lyon.

Challemel-Lacour, vigoureux républicain, part ce soir avec les pouvoirs nécessaires.

GAMBETTA.

Le lendemain, Charles Delescluze, celui qui devint, quelques mois plus tard, dictateur de Paris sous la Commune et présida comme tel à l'incendie de nos monuments et à l'assassinat des ôtages, écrivait à ses amis de Lyon :

Vous êtes bien heureux : le choix de Challemel-Lacour est le meilleur qu'ait fait le gouvernement provisoire.

Challemel-Lacour se montra digne à la fois, et du patronage de Gambetta, et du patronage de Delescluze.

Un coup d'œil jeté sur les principaux actes de son administration comme préfet va suffire à le prouver.

CHALLEMEL-LACOUR ET LA LIBERTÉ INDIVIDUELLE

Le 6 septembre 1870, M. Challemel-Lacour arriva à Lyon, envoyé par le gouvernement dit de la Défense nationale, en qualité de préfet du Rhône.

Le lendemain, il télégraphia à ce gouvernement :

Lyon, 7 septembre, 1 h. 20 s.

La garde nationale tout entière est avec moi.
J'ai la force.

Deux jours après, autre dépêche :

Lyon, 9 septembre, 12 h. 15 s.

Mon plus grand effort est de contenir la garde nationale, qui voudrait un coup de force pour supprimer la partie mauvaise du Comité.

Or, avant de partir, M. Challemel-Lacour avait reçu du gouvernement central l'ordre — qui lui fut réitéré plusieurs fois depuis par la voie télégraphique — de faire mettre en liberté toutes les personnes arrêtées et incarcérées illégalement, le 4 septembre et les jours suivants, par la « partie mauvaise du Comité » dont il parle dans sa dépêche.

Ayant la force, comme il disait, il devait exécuter, dès son arrivée à Lyon, l'ordre qu'il avait reçu.

Non-seulement il n'en fit rien, mais encore, dans ce noble exercice de l'incarcération des honnêtes gens, il se mit à opérer lui-même.

Sur une trentaine d'arrestations et d'incarcérations illégale, qui eurent lieu après son arrivée, cinq au moins, en effets doivent être mises à son compte personnel.

Voici, du reste, l'historique rapide de ces cinq crimes — car le Code pénal appelle cela des crimes :

ARRESTATION DE M. MARTINET

M. Martinet était agent de la police de Lyon.

Voyant arrêter tous ses camarades et collègues et se défiant — le délicat ! — de ce que le député Andrieux a appelé depuis la « *douce hospitalité de la prison* », M. Martinet quitta

Lyon et se réfugia à la campagne, à Saint-Jean de Bournay (Isère).

Dénoncé par un des plus tristes garnements du pays, M. Martinet fut arrêté, deux jours après, sur l'ordre de M. Challemel-Lacour.

Voici le texte de cet ordre d'arrestation :

Lyon, le 10 septembre, 10 h. 40 m.

Préfet du Rhône à sous-préfet Vienne.

Arrêtez le nommé François Martinet, agent de police, et gardez-le à notre disposition.

Cette arrestation eut lieu le 11 septembre.

M. Martinet fut écroué à Vienne, sur l'ordre de M. Challemel-Lacour, par les soins de M. Ronjat, sous-préfet d'occasion, aujourd'hui sénateur de l'Isère et avocat général à la Cour de cassation.

Trois jours après, M. Ronjat, voulant dégager sa part de responsabilité dans cette affaire, fit passer à M. Challemel-Lacour la dépêche suivante :

Vienne, 14 septembre 1870.

Sous-préfet à préfet Rhône.

François Martinet écroué à Vienne. Que faut-il faire?

Ronjat.

Cette dépêche à M. Challemel-Lacour resta sans réponse, ainsi que les nombreuses lettres qui lui furent écrites, à l'occasion de cette arrestation, par le même sous-préfet Ronjat. En désespoir de cause, ce fonctionnaire septembrisard s'adressa à un de ses amis, qui fit part de la situation à M. Millaud, alors avocat général à Lyon : c'est ce dernier qui, le 28 septembre, écrivit qu'il fallait mettre M. Martinet en liberté.

Du fait de M. Challemel-Lacour et du fait de M. Ronjat, M. Martinet resta 17 jours en prison.

Il mourut quelque temps après, et j'ai toujours ouï dire que les souffrances physiques et morales qu'il avait endurées pendant cette détention arbitraire avaient considérablement contribué à cette mort prématurée.

INCARCÉRATION DE M. PINARD.

M. Pinard, ancien ministre de l'intérieur, avait été arrêté à Autun, par ordre du repris de justice Bordone, le 5 janvier 1871.

Le 6, il fut transféré à Lyon et mis à la disposition de M. Challemel-Lacour, qui le fit écrouer nuitamment à la prison Saint-Joseph.

Soumis au secret le plus absolu, M. Pinard ne fut même pas admis à communiquer avec un juge d'instruction qui avait demandé à le voir. J'ai entendu raconter qu'à quatre reprises différentes ce magistrat avait écrit *officiellement* à M. Challemel-Lacour, mais que ce dernier, après avoir d'abord opposé un refus formel, avait fini par ne plus répondre.

L'aumônier lui-même de la maison d'arrêt, M. l'abbé Chomienne, ne fut pas plus heureux.

Le surlendemain de son arrestation, M. Pinard fut conduit par deux officiers d'état-major de la garde nationale auprès de M. Challemel-Lacour, et ce dernier, au mépris de toutes les règles des plus élémentaires en matière de procédure et des formes habituelles de la justice, s'érigea en juge d'instruction et fit subir un premier interrogatoire à l'ex-ministre.

Cependant, la famille de M. Pinard protestait énergiquement par la voie de la presse.

Une note écrite, contenant ses griefs, fut déposée entre les mains de M. Challemel-Lacour et transmise aux ministres de la justice, de l'intérieur et de la guerre.

Le 13 janvier, aucune réponse à cette note n'étant parvenue, M. le bâtonnier de l'ordre des avocats de Lyon demanda à M. Challemel-Lacour l'autorisation d'aller conférer à la prison avec M. Pinard. Chose unique dans les annales judiciaires, le bâtonnier se vit refuser par ce proconsul l'autorisation qu'il sollicitait.

Une instance judiciaire à fin d'élargissement fut alors introduite, et, le 16 janvier, cette requête fut présentée, répondue et enregistrée.

Le vigoureux Challemel-Lacour, comprenant alors ce qui allait peser sur lui de responsabilité, se décida à faire mettre en liberté M. Pinard; mais ce fut à la peur, à la peur seule,

qu'il céda. Sans cette requête judiciaire, M. Pinard fût rest
encore de longs jours en prison et au secret.

Le vertueux proconsul ne crut pas, du reste, pouvoir moins
faire, avant de mettre son prisonnier en liberté, que de l'in-
jurier et le menacer un peu.

Voici, en effet, l'une des dépêches que le fou furieux de
Lyon adressa, en cette circonstance, au fou furieux de Tours
et de Bordeaux :

... Pinard est un parfait imbécile...... Je le dirigerai sur Bordéaux.
Ranc le sermonnera comme il sait le faire.

« Comme il sait le faire ! » Le condamné à mort Ranc,
ami de Gambetta et de Challemel-Lacour, a toujours eu, en
effet, une façon originale de *sermonner* les gens. On pourrait,
sur ce point, demander des renseignements aux ôtages de la
Commune.

DÉTENTION DE M. BAUDRIER.

Le 6 septembre 1870, au moment même où le gouvernement de Paris télégraphiait à M. Challemel-Lacour qu'il « ne
voulait pas d'arrestations politiques » et où celui-ci répondait qu'il « avait la force, » le mandat d'arrêt suivant était
lancé contre un honorable magistrat de la Cour de Lyon :

RÉPUBLIQUE FRANÇAISE

COMMUNE DE LYON.

Ordre d'amener devant nous le citoyen Baudrier, membre de la Commission municipale, président de Chambre à la ci-devant Cour impériale de
Lyon, rue du Plat, 8.

Timbre :

Préfecture du Rhône
Cabinet du Préfet

*Pour le Comité de salut
public, approuvé par le
commissaire spécial*
TIMON.

Ce mandat, dont la signature seule était de la main du
failli Timon, avait été libellé par un sieur Mathis (Emile),
ex-huissier révoqué de Fauquemont (Moselle), agent d'affaires, à Lyon, condamné, le 21 avril 1870, à quatre mois de
prison pour escroquerie.

M. Baudrier fut donc arrêté, puis conduit à la prison Saint-

Joseph par une troupe armée que commandait le cafetier Ruffin, lequel signa au registre d'écrou.

M. Baudrier fut vivement affecté par une pareille mesure : sa santé s'affaiblit, et son état de maladie inspira bientôt des inquiétudes.

Aussi, le 14 septembre, comprenant sans doute quelle part de responsabilité allait peser sur lui si la maladie de M. Baudrier s'aggravait encore, M. Challemel-Lacour prit l'arrêté suivant :

Vu le rapport de M. Medeux, qui constate que M. Baudrier est dans un état de maladie qui exige des soins particuliers ;

Vu les pouvoirs déférés au préfet par la loi sur l'administration des prisons ;

Vu encore ce que commande l'humanité en cette circonstance ;

Le préfet arrête :

M. Baudrier est autorisé à se faire transporter à son domicile, où il restera à la disposition de la justice, sous réserve des mesures de précaution qui seront jugées nécessaires.

Il est, en conséquence, enjoint à M. le directeur de la prison de remettre M. Baudrier aux mains du citoyen Couturier, capitaine d'état-major.

Le Préfet,
CHALLEMEL-LACOUR.

ARRESTATION DE MM. MICHAUT ET SIMONIN

Au moment le plus douloureux de l'occupation prussienne l'administration des cristalleries de Baccarat se trouvait, pour payer ses ouvriers, dans l'obligation de réaliser des bons du Trésor français échus depuis plusieurs mois et représentant un ensemble de 202.340 francs en portefeuille.

La monnaie était rare. Il fallait pour obtenir cette somme en or monnayé un ordre du gouvernement.

On fit parvenir cette somme en papier à M. Michaut, à Genève, qui partit pour Lyon en compagnie de M. Simonin, afin de réaliser la somme. L'argent en espèces, c'était le pain des ouvriers. M. Michaut, sur la recommandation de M. Le Royer, procureur général, reçut une délégation sur la Banque de France. La succursale de Lyon fournit des billets, qui furent le jour même convertis en or chez un banquier.

Vingt-quatre heures après, M. Challemel-Lacour faisait arrêter, à cinq heures et demie, M. Michaut et M. Simonin. Sans explications, sans autre forme de procès, l'argent des ouvriers de Baccarat était envoyé à la Caisse des dépôts et consignations. Les deux prisonniers étaient, par vingt degrés de froid, jetés dans une prison glaciale, où M. Simonin contracta les germes d'une maladie mortelle.

Après quarante-huit heures de séquestration, M. Michaut fut mis en liberté. Seulement Challemel-Lacour déclara d'abord qu'il gardait les 200.000 francs, c'est-à-dire le salaire des ouvriers de Baccarat, à titre de caution.

Une scène violente eut lieu alors entre M. Michaut et Challemel-Lacour. M. Michaut menaça de procès. Alors Challemel fit mine de s'exécuter: il rendit les 200.000 francs, mais, gardant pour lui l'or monnayé, il ne remit la monnaie confisquée qu'en bons du Trésor à 6 mois d'échéance.

M. Michaut persistant dans sa menace de procès, Challemel fit une nouvelle concession: il rendit l'argent en billets de Banque. C'est tout ce qu'on put obtenir de ce préfet, qui profita ainsi de la valeur du change du papier contre de l'or, change dont le taux alors était très élevé.

ARRESTATION DU GÉNÉRAL MAZURE

Nommé commandant de la huitième division militaire par le gouvernement dit de la Défense nationale, M. le général Mazure, qui était depuis plusieurs années au cadre de réserve, arriva à Lyon le 13 septembre 1870 et prit possession, le lendemain, de son commandement.

Deux ou trois jours après son arrivée, le général Mazure reçut la visite du préfet Challemel-Lacour. Celui-ci lui présenta une lettre de dénonciation contre M. Testa, intendant militaire d'une très grande capacité administrative, doué, de plus, d'une activité et d'un zèle reconnus, mais qui, aux yeux de Challemel-Lacour, avait le tort immense d'être d'origine corse.

— Pouvez-vous, demanda le général, me donner le nom du dénonciateur ?

— Non, répondit le préfet.

— Alors, conclut M. Mazure, je considère cela comme une dénonciation anonyme, et je ne puis m'empêcher de vous déclarer que je trouve étonnant que vous, premier magistrat du département, vous vous fassiez colporteur d'une telle dénonciation.

Challemel-Lacour avait compté sur un général soliveau, qu'il dirigerait à sa guise. Il trouvait un homme énergique et loyal. Il était déçu. De ce jour la perte du général fut résolue, et le préfet, ancien professeur de littérature dans un lycée, songea à se mettre à sa place.

Pour arriver à ce résultat, Challemel-Lacour ourdit contre le commandant de la division une trame hypocrite dans laquelle il eut pour auxiliaires les gredins du Conseil municipal et les garnements de l'état-major de la garde nationale.

Tous ces complices répandirent à qui mieux mieux le bruit qu'il y avait des armes dans les arsenaux — ce qui était absolument faux, — mais que le général les cachait, afin de ne pas armer la population.

Il ne se passait pas de jour où Challemel-Lacour n'expédiât au général, avec des lettres de recommandation, des bataillons de francs-tireurs fantaisistes comme on en vit tant à cette époque, lesquels demandaient à être armés.

— Mais je n'ai pas d'armes à vous donner ! répondait le général Mazure. Je l'ai déjà dit vingt fois au préfet. Pourquoi persiste-t-il à vous envoyer à moi, alors qu'il sait que je n'y puis rien ?

Et les francs-tireurs, dont la plupart tenaient à avoir des armes, non pour marcher contre les Prussiens, mais pour parader à travers les rues, revenaient en accusant le général Mazure de trahison.

Pendant ce temps-là, Challemel-Lacour, qui exploitait avec habileté cette situation, envoyait sournoisement au gouvernement des dépêches telles que les suivantes :

Lyon, 14 septembre 1870, 10 h. 50 soir.
Préfet à Guerre, Paris.

L'administration militaire refuse aux volontaires et à la garde nationale des armes que nous savons exister dans les forts.

Elle sème le découragement par de mauvaises paroles. Je demande formellement les pouvoirs nécessaires pour surmonter le mauvais vouloir et l'inertie de cette administration.

Lyon, 15 septembre 1870, 7 h. 10 matin.
Préfet à Intérieur, Paris (chiffrée).

Un conflit est imminent entre l'autorité militaire et moi.

Elle détient une grande quantité de fusils qui seraient nécessaires pour armer la garde nationale. Donnez-moi les moyens nécessaires pour briser ce mauvais vouloir.

> Lyon, 15 septembre 1870, 11 h. 5 matin.
> *Préfet à Intérieur, Paris.*

Le général Mazure paraît ne rien comprendre à la situation. Faites qu'il m'écoute.

Et déjà à cette époque Challemel-Lacour se permettait de mander auprès de lui le général, qui, dans un esprit de conciliation, s'empressait de s'y rendre, alors qu'il n'avait aucun ordre à recevoir du préfet.

Enfin, le 29 septembre, la poire lui paraissant absolument mûre, Challemel-Lacour songea à la cueillir, et soudain il somma le général Mazure de se retirer et de lui laisser le commandement des troupes.

Le général Mazure répondit que, placé à son poste par le ministre de la guerre, il ne pouvait être révoqué que par le ministre de la guerre.

Et, comme Challemel-Lacour exhibait de prétendus pleins pouvoirs à lui conférés par MM. Crémieux et Glais-Bizoin, deux des fantaisistes gouvernants de Tours, M. Mazure répondait en montrant les dépêches suivantes, que lui avait expédiées coup sur coup l'amiral Fourichon, ministre de la guerre :

> Tours, 28 septembre 1870, 6 h. 10 soir
> *Guerre à général de division* (chiffrée).

Le gouvernement de Tours, comme celui de Paris, entend maintenir intacts les droits et les attributions militaires.

> Tours, 29 septembre 1870, 8 h. 10 matin.
> *Guerre à général commandant la 8ᵉ division militaire, Lyon* (chiffrée).

Je vous confirme ma dépêche chiffrée d'hier et vous invite à vous maintenir dans la ligne de conduite que je vous ai tracée. Ne la modifiez en rien que sur mon ordre.

> Tours, 29 septembre 1870, 1 h. 45 soir.
> *Guerre à général, Lyon.*

Conformez-vous à mes instructions de ce matin et ne vous en écartez en rien.

Alors Challemel-Lacour révoqua le général Mazure, et, comme ce dernier ne s'inclinait pas devant cette décision, il résolut de lui imposer sa volonté par la force.

Lyon, 1ᵉʳ octobre 1870.

Le Préfet du Rhône au gouvernement provisoire, à Tours.

Je fais marcher la garde nationale pour s'emparer de la personne du général Mazure. On dit qu'il s'est enfermé dans un fort. IL FAUT BRISER CE FACTIEUX.

Dans la soirée du premier octobre, au milieu de l'effervescence provoquée par l'affiche reproduite plus haut, la multitude armée de Vaise, de la Croix-Rousse et de la Guillotière se rendit, par ordre de Challemel-Lacour, à la caserne de Bissuel, place Napoléon, où le général Mazure s'était réfugié et où se trouvaient à ce moment peu de soldats, et des moins sûrs.

La porte de cette caserne fut ouverte à la foule par un adjudant de place dont je regrette de ne pas savoir le nom, — car ce nom mérite d'être cloué au pilori comme celui d'un traître et d'un lâche.

La cour, dès lors, fut envahie, et le général brutalement arrêté, puis jeté dans une voiture, où prirent place à côté de lui plusieurs officiers de la garde nationale, dont deux étaient en état d'ivresse.

La voiture se mit ensuite en marche à travers les rangs pressés d'une populace hideuse ameutée contre le général par la proclamation de Challemel-Lacour.

Cette populace se ruait contre la voiture qu'on avait eu le soin perfide de choisir découverte, afin que le général Mazure — un sexagénaire à cheveux blancs — se trouvât plus facilement exposé aux outrages. Cette populace donc se ruait contre la voiture, vociférant, montrant le poing, menaçant, hurlant, à l'adresse du général, les cris : « Au Rhône ! — Qu'on le fusille !… A l'abattoir !… » et autres aménités du même acabit.

On fit, du reste, marcher la voiture au petit pas, afin de prolonger autant que possible cette scène ignoble, et on mit ainsi près de deux heures pour accomplir un trajet d'un kilomètre tout au plus, de la caserne Bissuel à l'Hôtel-de-Ville.

C'est-à-dire qu'on n'eût, en réalité, pas agi autrement si l'on eût voulu se débarrasser du général Mazure à l'aide d'une de ces colères populaires comme celle qui, un mois et demi plus tard, devait avoir pour résultat l'assassinat du commandant de la garde nationale Arnaud.

Arrivé à l'Hôtel-de-Ville, après avoir cent fois couru le risque d'être massacré, M. le général Mazure trouva chez le préfet une dépêche postale dont voici le texte :

Tours, le 30 septembre 1870.

Guerre au général Mazure.

J'ai l'honneur de vous informer que, par décision de ce jour, vous êtes nommé commandant de la 15ᵉ division militaire à Nantes.

Vous vous rendrez sur-le-champ à votre poste.

Cette dépêche était de M. Crémieux, qui avait pris le portefeuille de la guerre après la démission de l'amiral Fourichon.

Quand il eut pris connaissance de cette dépêche, le général Mazure dit au préfet :

— Il n'y a plus de raison pour maintenir mon arrestation.

Challemel-Lacour répondit :

— Soyez certain que dès demain on vous rendra la liberté.

Et il le fit enfermer dans une chambre du bâtiment municipal.

C'était le 1ᵉʳ octobre au soir.

Quatre jours après, malgré ses réclamations quotidiennes, le général Mazure était toujours prisonnier. Il se décida alors à écrire au préfet une lettre pressante.

Cette lettre contenait, entre autres, le passage suivant :

Aujourd'hui, qu'attend M. le préfet, qui a depuis plusieurs jours entre les mains un ordre du gouvernement qui lui enjoint de me mettre immédiatement en liberté ? Comment se fait-il que je sois encore retenu à l'Hôtel-de-Ville, sans qu'aucun terme soit assigné à ma détention ?

A cette réclamation Challemel-Lacour fit la réponse que voici :

Monsieur le général,

Il n'y a rien de changé dans votre situation : on procède contre vous conformément à la loi. Il y a pourtant quelque chose d'illégal, non, certes ! dans votre arrestation, mais dans votre présence à l'Hôtel-de-Ville.

J'ai donc le regret de vous annoncer, Monsieur le général, que demain matin vous serez transféré à Saint-Joseph.

Le préfet, commissaire extraordinaire de la République,

P. CHALLEMEL-LACOUR.

Il n'y a qu'un seul commentaire à faire sur une pareille lettre. C'est celui-ci :

Elle est odieuse.

Le lendemain 5 octobre, à neuf heures du matin, deux in-

dividus vêtus du costume d'officier d'état-major de la garde
nationale, vinrent, en effet, prendre le général Mazure à l'Hôtel-de-Ville et le transférèrent à la prison Saint-Joseph, où
il fut écroué en vertu d'un ordre signé *Challemel-Lacour* et
enfermé dans une cellule de trois mètres de côté, garnie seulement d'une paillasse et d'un escabeau.

Cependant, dès les premiers jours, quoi qu'en ait dit Challemel-Lacour lui-même, les honnêtes gens s'étaient prononcés
énergiquement contre cette conduite inqualifiable du préfet.

Les journaux conservateurs de Lyon et de la France entière
avaient protesté, puis avaient publié les lettres du général
Mazure.

La délégation de Tours s'émut de ce mouvement de l'opi-
nion publique et donna, à plusieurs reprises, l'ordre à Challemel-Lacour de mettre en liberté le général Mazure.

Voici un extrait d'une dépêche relative à ce fait :

Tours, 2 octobre 1870, 4 h. 16 soir.

Gouvernement à préfet, Lyon.

Il ne faut pas donner au refus du général Mazure un caractère de résis-
tance illégale.

Il faut se souvenir des règles militaires quand il s'agit des vieux militaires

Rendez-lui la liberté.

A. CRÉMIEUX, GLAIS-BIZOIN, FOURICHON.

Au lieu d'obéir à cette injonction, Challemel-Lacour, comme
on l'a vu plus haut, fit transférer le général Mazure de l'Hôtel-de-ville dans une cellule de la prison Saint-Joseph.

Le 12 octobre, le général Mazure n'étant pas encore en liberté,
Gambetta, qui venait d'arriver et qui avait entendu, lui aussi,
le concert d'indignation des honnêtes gens, transmit la dépêche suivante :

Tours, 12 octobre 1870, 11 h. 45 matin.

Intérieur à Challemel-Lacour, préfet Rhône, Lyon.

Votre situation à Lyon est telle aujourd'hui que, sur l'ordre que je vous
donne, vous pouvez mettre en liberté le général Mazure.

Challemel-Lacour ne répondant pas à cette dépêche, Gambetta en expédia une autre ainsi conçue :

Tours, 12 octobre 1870, 5 h. soir.

Intérieur à Challemel-Lacour, préfet, Lyon.

Vous ne répondez pas à ma dépêche relative au général Mazure. Je le
mande ici. Faites-le partir immédiatement.

A cette dépêche, Challemel-Lacour répondit :

Lyon, 12 octobre, 9 h. 10 soir.

Préfet à Intérieur, Tours (chiffrée).

Soyez sûr que j'épie le moment de donner la liberté à mon prisonnier. Mais le général Mazure publie aujourd'hui un factum où il menace de me poursuivre judiciairement. Cela retarde son élargissement.

Il ne fallait pas menacer Challemel-Lacour de lui faire appliquer la loi, comme à tout autre citoyen. Autrement il vous gardait en prison.

Enfin le général Mazure fut mis en liberté le 14 octobre, après une détention de quatre jours à l'Hôtel-de-Ville et de dix jours à la prison Saint-Joseph.

———

Voilà donc six arrestations ou détentions illégales dans lesquelles Challemel-Lacour a la plus grande part de responsabilité.

Or, veut-on savoir quelles peines avait encourues en ces circonstances celui que le gouvernement de Gambetta Iᵉʳ a chargé successivement d'aller représenter la France à Berne, puis à Londres ?

Qu'on lise le Code pénal.

Il dit :

ART. 341. — Seront punis de la peine des travaux forcés à temps ceux qui, sans ordre des autorités constituées et hors les cas où la loi ordonne de saisir les prévenus, auront arrêté, détenu ou sequestré des personnes quelconques.

ART. 343. — La peine sera réduite à l'emprisonnement de deux à cinq ans si les coupables des délits mentionnés en l'article 341, non encore poursuivis de fait, ont rendu la liberté à la personne arrêtée, séquestrée ou détenue avant le dixième jour accompli depuis celui de la détention, séquestration ou arrestation. Ils pourront, néanmoins, être renvoyés sous la surveillance de la haute police depuis cinq ans jusqu'à deux ans.

ART. 344. — Dans chacun des deux cas suivants : 1º si l'arrestation a été exécutée avec un faux costume, sous un faux nom ou sous un faux ordre de l'autorité publique ; 2º si l'individu arrêté ou détenu a été menacé de mort, les coupables seront punis des travaux forcés à perpétuité.

ART. 198. — Hors les cas où la loi règle spécialement les peines encourues pour crimes ou délits commis par les fonctionnaires ou officiers publics, ceux d'entre eux qui auront participé à d'autres crimes ou délits qu'ils étaient chargés de surveiller ou de réprimer seront punis comme il suit :

3

.... Aux travaux forcés à temps si le crime emporte contre tout autre coupable la peine de la réclusion ou de la détention.

Tels sont les articles de loi qui s'appliquent aux crimes d'arrestation, d'incarcération et de détention illégales commis, après le 4 Septembre, par Challemel-Lacour.

Si, en 1870-71 et depuis — car il n'y a pas encore prescription — les Parquets avaient fait leur devoir, Challemel-Lacour, en ce moment, ne représenterait pas la France à Londres.

Il est probable qu'il serait tout simplement au bagne.....

Où, comme on le verra plus loin, du reste, il trouverait de nombreux souvenirs de famille.

LES MARCHÉS CHALLEMEL-LACOUR

LES CHEVAUX DE BERNE

Dans le courant de décembre 1870, à la demande de l'administration du Rhône, MM. Dorlhiac, banquier; Serviant, négociant; comte de Villarson, capitaine commandant l'escadron de cavalerie de la 4ᵉ légion du Rhône ; Quivogne et Fournier, vétérinaires, partirent pour Berne (Suisse), les trois premiers pour y entamer les négociations en vue d'un marché de mille chevaux, les deux autres pour procéder à la visite et à la réception de ces chevaux.

MM. Dorlhiac, Serviant et de Villarson s'abouchèrent avec les marchands, puis firent part des premiers pourparlers engagés au citoyen Challemel-Lacour, préfet du Rhône.

Celui-ci fit expédier aussitôt à M. Dorlhiac la dépêche suivante :

Traitez pour les mille, livrables en 12 jours, au prix moyen de 580 francs rendus à Bellegarde.

M. Dorlhiac prit sur lui de désobéir à l'ordre du préfet : il trouva le moyen de faire une économie de 50 francs par cheval, et traita à 530 francs, au lieu de 580.

Neuf cents et quelques chevaux acquis à ce prix furent recus par MM. Quivogne et Fournier pour les 400 premiers, par M. Quivogne seul pour les 500 autres.

. . . .

Un jour l'opération de remonte fut interrompue par un ordre télégraphique ainsi conçu, de Challemel-Lacour :

Suspendez tout achat et tout nouvel envoi de chevaux. Cet ordre est de la dernière rigueur.

Les délégués et le vétérinaire revinrent à Lyon.

M. Dorlhiac demanda une audience au préfet. Il s'attendait à des félicitations pour le rabais qu'il avait obtenu sur le prix moyen des chevaux acquis : Challemel-Lacour se montra non-seulement froid, mais courroucé.

A quelques jours de là, ce préfet, qui avait collaboré au pillage de l'établissement des Frères de Caluire, porta une plainte en escroquerie contre les délégués qui avaient payé 530 francs ce qu'il voulait payer 580 francs.

Il est vrai que le même Challemel-Lacour ne resta pas là pour soutenir ses griefs contre MM. Dorlhiac, Serviant et Quivogne : quand il vit le pouvoir de Gambetta décidément ébranlé, Challemel-Lacour se hâta de mettre à l'abri sa précieuse personne et, sans doute, ses précieuses économies. Il échappa ainsi pendant quelque temps aux difficultés d'un règlement de comptes que la Commission des marchés et la Cour des comptes ont fini par lui demander et qui, certes, n'a pas du tout, oh ! mais là, pas du tout, tourné à son honneur.

Le Tribunal correctionnel fit de la plainte en escroquerie portée par un Challemel-Lacour le cas qu'elle méritait :

Non-seulement il acquitta les prévenus, MM. Dorlhiac, Serviant et Quivogne, mais encore il constata dans les considérants de son jugement que ces délégués avaient, en désobéissant aux ordres du préfet, économisé à l'Etat une somme de 50,000 francs

LES CARTOUCHES REMINGTON.

Le 13 novembre 1870, Challemel-Lacour, préfet septembrisard du Rhône, télégraphiait à Gambetta, à Tours, qu'on lui proposait de fabriquer 25,000 cartouches Remington par jour et demandait à cet égard des instructions.

Or M. Lecesne, factotum de Gambetta à la Commission d'armement, n'aimait pas, et pour cause, sans doute, qu'on impiétât sur ses fonctions de grand-fabricateur et de grand-fournisseur d'armes et de munitions. La dépêche Challemel-Lacour lui ayant été communiquée, il refusa, par réponse du 13 novembre, c'est-à-dire du jour même de la dépêche préfectorale, de considérer la proposition comme sérieuse et ajouta que l'on n'avait nul besoin de faire fabriquer, à Lyon, des cartouches Remington.

N'ayant pu obtenir l'autorisation qu'il sollicitait, le préfet Challemel-Lacour s'en consola en passant bravement outre aux instructions venues de Tours :

A la date du 24 novembre 1870, et malgré les ordres de son gouvernement, il conclut avec un nommé Ambjorn Sparre, se disant comte suédois, un traité dont les clauses étaient :

1° Que Challemel-Lacour, au nom de l'Etat français, donnerait à Sparre le droit de requérir les outils, lui livrerait le local, la poudre, les balles, les capsules, les culots de cuivre, la main-d'œuvre et jusqu'au vieux drap nécessaire pour les bourres. De plus, que le même Challemel-Lacour, toujours au nom de l'Etat français, paierait audit Ambjorn Sparre, comte suédois, la somme de 100,000 francs à titre d'avance.

D'une part.

2° Que le sieur Sparre fournirait ses tubes en carton, se procurerait les machines, paierait les ouvriers et rembourserait le prix du cuivre. Enfin que pour chaque mille de cartouches Remington livré par lui il recevrait de Challemel-Lacour, toujours au nom de l'Etat français, la somme de 125 francs, c'est-à-dire à peu près le double de ce que valait chaque livraison.

D'autre part.

*
**

Ce brillant traité conclu, Challemel-Lacour se trouva tout à coup en présence d'un obstacle administratif qu'il n'avait pas prévu : les règlements de comptabilité interdisaient les avances supérieures à 30,000 francs. Tel était cet obstacle.

... ni les obstacles administratifs et les règlements de comptabilité, cela ne pouvait arrêter Challemel-Lacour. Il a ... pieds joints sur le tout, et, le 2 janvier 1871, il prit un arrêté faisant une exception en faveur de son cotraitant du 24 décembre.

En sorte que, ce même jour 2 janvier 1871, le comte suédois Ambjörn Sparre, qui n'était pas homme à perdre du tout, encaissait ses 100,000 francs.

Et maintenant veut-on savoir combien le sieur Sparre a de cartouches à l'État, représenté par le préfet du Rhône? Il n'en livra pas une seule.

Mais, dira-t-on, le préfet Challemel-Lacour avait été trompé par le comte suédois?

Trompé!... trompé!... mon Dieu! c'est possible! Mais, données les circonstances, il fallait être bien naïf pour se laisser tromper. Au moment, en effet, où le préfet septembriste du Rhône concluait le traité Sparre pour le compte de l'État, ledit préfet ne pouvait ignorer que le même Sparre, qui avait fait antérieurement avec la ville de Lyon un autre traité en vertu duquel il devait, à partir du 11 décembre, livrer 50,000 cartouches par jour, n'avait encore rien livré, qu'à la date du 23 décembre et n'était pas prêt à rien livrer de fort longtemps.

En réalité, du fait de Challemel-Lacour, le rôle d'Ambjörn Sparre dans toute cette affaire s'est borné à encaisser 100,000 francs, appartenant aux contribuables.

Seulement ce comte suédois a-t-il encaissé tout seul cette somme toute rondelette?

Il n'appartient pas à moi à résoudre une question qu'il appartient à la commission parlementaire des marchés de résoudre. Et moi...

LE RAPPORT DE LA COUR DES COMPTES

Sans mentionner spécialement aucun des autres marchés passés par le préfet Challemel-Lacour — je ne parlerai pas ici ... ni de la commission d'enquête, ni du *Journal du Rhône* ...

Je me bornerai, pour le surplus des marchés Challemel-Lacour, à citer le Rapport de la Cour des comptes.

On lit dans ce Rapport (année 1870), pages 181 et 182 :

La municipalité de Lyon a effectué directement des dépenses de guerre de toute nature. Ces dépenses se sont élevées, en 1870 et 1871, à 7,526,191 fr. 60 centimes.

Les factures sont visées tantôt par le maire, tantôt par le préfet....

Au soutien d'avances montant à 2,629,861 francs 75 centimes faites à un seul régisseur pour travaux de fortifications et s'appliquant en majeure partie à des paiements de journées, on n'a produit aucun reçu des parties prenantes.

A l'appui des dépenses considérables faites pour achats d'armes, de matériel et de munitions, il n'a été rapporté ni un seul marché, ni un seul certificat de prise en charge..... Il n'existe dans les dossiers relatifs aux dépenses de guerre que des projets de traités non revêtus des formalités légales et qui n'ont aucun caractère officiel, et les fournitures effectuées ont été réglées sur mémoires en vertu d'autorisations spéciales émanant du commissaire extraordinaire préfet du Rhône.

Les circonstances exceptionnelles dans lesquelles s'est trouvé le pays ont pu faire fléchir quelquefois les règles de la comptabilité publique, mais la Cour pense qu'il n'y avait pas ici de motifs suffisants pour les laisser dans un oubli aussi absolu.

FUSILLEZ-MOI TOUS CES GENS-LA !

C'était après le 4 septembre 1870.

Le citoyen Balmont (François), qui n'était pas même conseiller municipal, s'était emparé de la Mairie de Venissieux, petite commune de la banlieue de Lyon, s'était proclamé premier magistrat de la localité et avait arboré le drapeau rouge au balcon de son Hôtel-de-Ville.

Plus tard, dans les premiers jours d'octobre, un bataillon des mobiles de la Gironde, commandé par M. le marquis Joseph de Carayon-Latour, avait été cantonné dans la commune de Venissieux, en attendant son départ pour l'armée des Vosges et de l'Est, où il fit, en décembre et janvier, très bravement son devoir, soit dit en passant.

A leur arrivée à Venissieux, le drapeau rouge qui flottait

à la Mairie avait déplu aux mobiles de la Gironde, et ils avaient voulu l'enlever.

De là sérieux conflits.

De là série d'avanies faites auxdits mobiles par le maire improvisé Balmont.

Le conflit s'envenima sérieusement un jour.

Balmont était un homme aux mœurs pures, dont la politique était en robe rouge, mais la morale en robe blanche. Par modestie, sans doute, il ne donnait pas son passé comme un modèle à imiter, mais il voulait, il exigeait que la vertu régnât dans toute l'étendue de ses Etats.

Or, un jour, il apprit que des sous-officiers de mobiles dînaient avec des dames dans un restaurant de sa capitale. Sa pudeur, bien connue, murmura et se révolta : il se revêtit sur le champ de ses insignes et alla sommer, avec des paroles indignées, les jeunes mobiles de s'arrêter sur la pente où les entraînaient leur appétit et leur cœur.

Les mobiles de la Gironde répondirent en invitant le citoyen Balmont à se mêler de ses affaires et à ne pas s'immiscer dans des choses qui n'étaient pas de sa compétence.

Alors le maire improvisé de Venissieux, oubliant qu'un de ses proches avait, grâce à sa protection, quitté récemment le camp de Sathonay, où il était mobilisé, pour se voir attribuer les fonctions plus faciles de *réquisitionneur* de chevaux, le maire improvisé de Venissieux, dis-je, alla jusqu'à traiter de *lâches* les mobiles de la Gironde.

Il s'ensuivit une bagarre dans laquelle le citoyen Balmont reçut quelques coups de pied... humiliants.

Rentré chez lui, il se gratta d'abord le bas du dos, qui était légèrement endommagé, puis il prit une plume et adressa à Challemel-Lacour un rapport dans lequel il persistait à traiter de lâches les mobiles de la Gironde et à qualifier leur commandant, M. de Carayon-Latour, d'officier de parade et d'incapable.

Challemel-Lacour reçut ce rapport, puis le renvoya au général Bressolles, avec cette annotation écrite de sa main :

FUSILLEZ-MOI TOUS CES GENS-LA !

Mais ici il convient de laisser la parole au général Bressolles.

Voici un passage de la déposition qu'il fit dans la séance du

23 juin 1873 de la Commission d'enquête parlementaire de l'Assemblée nationale :

M. LE GÉNÉRAL BRESSOLLES. — Au nombre des troupes qui étaient sous mon commandement, à Lyon, se trouvaient les mobiles de la Gironde, occupant le village de Venissieux. Ils étaient très-bien commandés, et on pouvait en tirer grand parti.

Quelques-uns de ces mobiles, jeunes gens de famille, ayant de la fortune, se livraient à quelques petits exploits de jeunesse qui n'avaient rien de grave. A ce propos il y eut des rapports envenimés entre le maire et ce bataillon, et c'est à leur suite que survint le rapport du maire de Venissieux sur lequel *M. Challemel-Lacour avait écrit cette note :* « FUSILLEZ-MOI CES GENS-LA. » *Il me fut envoyé par M. Challemel-Lacour.*

Lorsque je vis en marge cette annotation, je n'y fis pas autrement attention, et je laissai ce rapport sur mon bureau. Comment M. de Carayon-Latour en a-t-il eu connaissance ? — Je ne le sais pas exactement. Je l'aurai probablement fait appeler, et je lui aurai dit : « Voilà ce que l'on écrit sur votre bataillon. » C'est ainsi, sans doute, qu'il vit l'annotation, à laquelle je ne fis pas, je le répète, autrement attention.

Il fut heureux que cette annotation tombât entre mes mains, *car entre les mains de certains chefs de francs-tireurs elle eût pu être extrêmement dangereuse,* quoique, dans un bataillon comme celui des mobiles de la Gironde, il eût été difficile de prendre M. de Carayon-Latour pour le fusiller.

Quoi qu'il en soit, je laissai la chose de côté et ne la pris pas au sérieux.

M. LE PRÉSIDENT COMTE DARU. — Vous vous souvenez parfaitement de cette annotation ?

M. LE GÉNÉRAL BRESSOLLES. — *Parfaitement ! Je la vois encore.*

M. LE PRÉSIDENT. — *Vous l'avez déclaré dans une lettre qui a été rendue publique et que vous confirmez.*

M. LE GÉNÉRAL BRESSOLLES. — *Oui, Monsieur le président.*

Mis en présence des assertions à cet égard de M. le général Bressolles et de M. de Carayon-Latour, l'ex-proconsul de Lyon essaya de nier le fait qui lui était imputé.

« — Montrez la pièce !... Je demande la pièce ! » s'écriait-il du haut de la tribune et dans la presse, et cela avec d'autant plus de désinvolture qu'il connaissait, comme tout le monde, peut-être même mieux que tout le monde, la disparition du rapport sur lequel il avait tracé de sa main l'ordre horrible que l'on sait.

A défaut de cette pièce, dont ont témoigné plusieurs personnes honorables qui l'ont vue, il existe une preuve qui est absolument concluante.

Cette preuve, c'est une dépêche adressée à Gambetta, par Challemel-Lacour, à l'époque précisément du rapport Balmont contre les mobiles de la Gironde.

Voici le texte de cette dépêche :

Lyon, 21 octobre 1870, 9 h.

Préfet à Guerre, Tours (chiffrée).

Je demande l'autorisation D'APPLIQUER EN CAS DE BESOIN LA LOI MARTIALE. L'indiscipline est dans la mobile ET JUSQUE DANS LES CHEFS. IL FAUT LA DOMPTER. *Quelques rudes exemples suffiront.*

Et le proconsul de Lyon se proposait ni plus ni moins que de faire un *rude exemple* avec la personne de M. Joseph de Carayon-Latour et de quelques-uns de ses compagnons d'armes.

Du reste, Challemel-Lacour n'avait jamais à la bouche que des mots comme ceux-ci : *arrêter, incarcérer, dompter, fusiller, briser, mâter, traduire en Cour martiale...*

« — Il faut *briser* ce factieux ! » écrit-il, parlant du général Mazure, et il ajoute : « Si Fourichon résiste, *brisez Fourichon !* »

En novembre 1870, on le trouve donnant l'ordre d'*arrêter* un républicain — un pur, cependant, — le citoyen Laganier, coupable d'avoir « *protesté contre des arrestations,* » et en janvier 1871 on le voit parlant de « *mâter* la réaction. »

Mais il y a une série de dépêches qui montrent sous son vrai jour l'aimable naturel de cet extraordinaire préfet.

Voici quelques-unes de ces dépêches :

Lyon, 25 septembre 1870, 5 h. 25 soir.

Préfet à chef du gouvernement, Tours. (Chiffrée.)

EXTRÊME URGENCE.

On m'affirme que plusieurs membres de la famille impériale, Rouher, Sencier, Chevreau et autres, réunis chez le prince Napoléon près le lac de Genève, seraient en correspondance avec les chefs de l'armée à Lyon. *J'envoie des délégués en Suisse :* SI ON ME FOURNIT DES PREUVES CERTAINES. JE LES ARRÊTERAI TOUS.

P. CHALLEMEL-LACOUR.

Lyon, 6 novembre 1870, 7 h. 35 soir.

Préfet à Gambetta, Guerre, Tours.

Lavalle ayant été arrêté à Beaune, qui est dans la 8ᵉ division militaire, je l'ai fait amener à Lyon, POUR ÊTRE TRADUIT DEVANT LA COUR MARTIALE. Il est depuis quatre jours entre les mains de l'autorité militaire. *J'attends,* avec la même impatience que vous, QUE JUSTICE SOIT FAITE !

CHALLEMEL-LACOUR.

Préfet à Gambetta, Guerre, Tours.

L'affaire de Lavalle, un des principaux auteurs de la débandade de Dijon, est finie. *On n'a pas trouvé de quoi le condamner.* RÉSULTAT REGRETTABLE POUR TOUT LE MONDE, excepté pour lui. Je crains qu'ici l'autorité militaire *ne comprenne pas l'esprit de la loi martiale.*

CHALLEMEL-LACOUR.

Lyon, 12 décembre 1870, 8 h. 40 matin.

Préfet à Crémieux, Justice, Bordeaux.

Je n'ai point de démêlé avec Ferrer.

J'ai accepté sa démission. C'était le moins J'AURAIS PU LE TRADUIRE EN COUR MARTIALE...

CHALLEMEL-LACOUR.

CHALLEMEL-LACOUR ET LES FRÈRES DE CALUIRE

Le 27 septembre 1870, 23 ou 24 jours après la proclamation de la République qui fit la joie des Prussiens, un sieur Vassel (André), qui venait de se nommer lui-même maire de la commune de Caluire, assembla son Conseil municipal, lequel avait la même origine que lui, et lui proposa de prendre une délibération en ce qui concernait l'établissement des Frères situé sur le territoire de la commune, à quelque distance du bourg.

Aussitôt dit, aussitôt fait.

Le Conseil municipal prit la délibération suivante :

Considérant que la patrie en danger a besoin de *toutes les ressources DE LA FRANCE* ;

Considérant que l'immense établissement des « Frères ignorantins » situé sur notre commune peut être converti en ambulance, caserne ou tout autre destination jugée nécessaire par le Comité de défense nationale ;

Le Conseil municipal, dans sa séance de ce jour, *et à l'unanimité*, a ordonné le départ, *pour leurs foyers respectifs*, de tous les novices et Frères résidant dans ledit établissement.

Le lendemain, autre délibération rappelant la délibération de la veille et comprenant le passage suivant :

Aujourd'hui 28, à midi précis, cet ordre leur sera signifié par les trois adjoints de la commune, accompagnés d'un piquet de gardes nationaux, *qui devra s'y établir*, ET A LEURS FRAIS, jusqu'à complète évacuation.

Un inventaire sera fait par ces trois adjoints.

[...] en marge est joint ceci.

Le Conseil municipal demande, à l'unanimité, l'expulsion de Messieurs et Frères ignorantins pour que la communauté soit convertie en [usine] ou ambulance.

Je ne connais pas tous les signataires de ces deux délibérations. Ce que je puis affirmer, c'est que l'un d'entre eux avait été renvoyé d'une administration où il était employé pour cause de détournements et après avoir laissé entre les mains de cette administration une déclaration écrite et signée lui, dans laquelle il reconnaissait humblement sa culpabilité et suppliait qu'on ne le livrât pas à la justice.

L'original de la délibération du 27 et de celle du lendemain 28 est approuvé par le citoyen Challemel dans les termes suivants:

> *Vu et approuvé:*
> *Le préfet du Rhône,*
> CHALLEMEL-LACOUR.

En exécution de ces deux délibérations, le 28, à midi, [les] adjoints accompagnés d'une troupe de gardes nationaux armés et d'autres individus, au nombre de plus de trente ou [quarante], envahirent la maison des Frères, s'y établirent, malgré leurs réclamations et leurs protestations, leur faisant défense de sortir des bâtiments, exigeant à boire et à manger.

Le 1er octobre ordre fut donné par l'État-major de la garde nationale de Lyon d'expulser les Frères ignorantins selon les ORDRES DU PRÉFET DU RHÔNE, mais, la garde nationale du bourg de Caluire refusant absolument de prêter main forte, on chargea de l'exécution une bande de mauvais [drôles] venus de la Californie.

Ceux-ci, *porteurs d'une autorisation signée Challemel-Lacour,* vinrent le 10 octobre, farouches, hideux, ils chassent de l'établissement les Frères validés, au nombre de quarante [...], les [...] de brutalités et de paroles grossières [...] aux malades, aux vieillards et aux infirmes, on [les met] sur des brancards ou sur des chaises, et on les [porte], en les couvrant d'outrages, à l'hospice de la Charité.

Il y avait, au Frère, le Frère Savigny, âgé de quatre-vingts [ans], qui était dangereusement malade et presque à l'article [de la mort].

la mort. On le jette dans la rue. Le Frère Paulin-Marie, directeur de l'institut, qui venait d'être expulsé à l'instant même, recueille ce pauvre vieillard et le transporte à quelques centaines de pas de l'établissement, chez l'aumônier de la communauté. Ce fut là que le Frère Savigny rendit le dernier soupir trois jours après.

Quant au Frère Paulin-Marie, affecté très vivement des mauvais traitements subis par ces vieillards et ces infirmes, il tomba malade à son tour et expira le 10 décembre 1870.

L'établissement des Frères de Caluire fut déclaré « *Propriét communale.* »

***

Il est bon de dire ici quel était l'individu qui présidait, au nom des citoyens Challemel-Lacour et Vassel, à ces actes de sauvagerie.

A cette époque on avait pu lire dans les journaux un avis annonçant que le sieur Denis Brack cessait la publication du journal l'*Excommunié*, parce qu'il venait d'être chargé de « la haute direction d'un établissement important. »

Cet établissement important, c'était l'institut des Frères de Caluire.

On mettait ainsi à la tête de l'établissement volé aux Frères un individu qui venait d'être plusieurs fois condamné pour diffamation envers les Frères, un individu contre lequel existaient plusieurs mandats d'arrestation à la suite de ses condamnations, et c'était sous les ordres et en présence de cet individu que les congréganistes avaient été ignominieusement mis à la porte de chez eux.

Denis Brack s'installe dans l'établissement le 28 septembre, avec des femmes, des amis, des gardes nationaux, des conseillers municipaux, et il gère la maison.

On a vu plus haut qu'aux termes de la délibération du Conseil municipal de Caluire l'inventaire des objets mobiliers et des provisions contenues dans l'établissement des Frères devait être immédiatement fait par les trois adjoints. Or cet inventaire ne fut commencé que le 10 octobre, non par les adjoints, mais par le commissaire-priseur Guelle, requis par l'autorité administrative.

A ce moment, tout ou presque tout avait été pillé, dévasté, volé : ici il manquait un meuble, là une pendule ; dans les cours et corridors, on rencontrait des citoyens chaussés des souliers des Frères, d'autres vêtus des habillements des novices.

Denis Brack, lui, s'était approprié d'abord des livres, puis il avait vendu aux uns et aux autres du laitage, des légumes, treize sacs de farines à 45 francs pièce, cinq porcs de la valeur de 220 francs et une foule d'autres denrées et objets.

****

L'inventaire de M. Guelle, commencé le 10, est terminé le 26.

Dans l'intervalle de ces deux dates, une autre monstruosité s'était produite :

Vassel, maire provisoire de Caluire, avait fait imprimer chez M⁰ᵉ veuve Lepagnez et fils, à la date du 10 octobre, des affiches signées de son nom. Ces affiches, blanches, comme toutes les affiches officielles, et placardées dans toute la ville de Lyon et de la banlieue, annonçaient la vente aux enchères publiques, pour le samedi 15 octobre, des provisions de bouche, récoltes, bêtes à cornes, fourrages, vin, etc..., le tout **« trouvé dans l'ancien établissement des Frères, à « Caluire, aujourd'hui propriété communale. »**

Les Frères portèrent l'affaire devant le président du Tribunal, le regretté M. Cuniac. Cet énergique magistrat, de la catégorie de ceux que la horde démagogique n'effrayait pas et qui ne transigeait pas avec le devoir, quelque danger qu'il pût y avoir à le remplir, cet énergique magistrat, dis-je, rendit, le 22 octobre, une ordonnance de référé interdisant la vente.

Vassel passa outre : à la date du 29 octobre, il fit placarder une nouvelle affiche blanche annonçant la vente, par le ministère d'un commissaire-priseur, pour le 30 octobre, **« sur l'or- « dre de M. Challemel-Lacour, préfet du Rhône et com- « missaire extraordinaire de la République. »**

On chercha en vain un commissaire-priseur : on n'en trouva aucun qui voulût prêter les mains à une aussi révoltante spoliation.

La vente n'en eut pas moins lieu. Elle fut faite par les adjoints et les conseillers municipaux.

***

Les Frères de Caluire furent enfin renvoyés en possession de leur établissement, par ordonnance de référé du 28 mars 1871.

Le 19 avril, M. Borgat aîné, huissier, se présenta à l'établissement pour mettre à exécution cette ordonnance de référé. Il se heurta là à un sieur Rivière, conseiller municipal de Caluire. Après l'assassinat du commandant Arnaud et la fuite de Denis Brack, lequel, pour la part prise par lui à cet assassinat, a été condamné à la déportation perpétuelle, le sieur Rivière avait été nommé directeur de l'établissement volé, aux appointements de deux cent cinquante francs par mois. Sa nomination émanait du maire Vassel et *avait été approuvée par le préfet Challemel-Lacour.*

L'officier ministériel signifia au sieur Rivière d'avoir à déguerpir. Celui-ci se déclara prêt à s'en aller, mais, avant de partir, il crut devoir révéler un petit détail qu'il ne dépendait pas de lui de modifier.

Ce petit détail, le voici dans toute sa nudité :

On ne s'était pas contenté de vendre les objets mobiliers de l'établissement : le sieur Rivière, exécutant les ordres de Vassel, avait loué les vastes terrains y adjacents à onze cultivateurs. En vertu des baux qui leur avaient été passés — car on leur avait passé des baux, — ces onze fermiers avaient bêché, labouré, défoncé, ensemencé tous les terrains.

L'officier ministériel, agissant au nom de la communauté des Frères, cita aussitôt les onze fermiers à comparaître devant le Tribunal des référés.

Ce jour-là, le pot aux roses fut entièrement découvert :

Vassel se présenta en personne à l'audience des référés et **exhiba les autorisations écrites d'expulser les Frères de leur établissement, de vendre les objets mobiliers de cet établissement et de louer les terrains qui en dépendaient.**

Ces autorisations, comme je l'ai dit plus haut, *étaient signées :*

P. CHALLEMEL-LACOUR,

et revêtues du timbre de la Préfecture du Rhône.

L'ordonnance de référé du 25 avril autorisa l'expulsion immédiate des onze fermiers et les condamna aux dépens.

Quand les Frères rentrèrent dans leur établissement, ils le trouvèrent dans un état de dévastation impossible à décrire : un inventaire considéré comme optimiste dans le sens des spoliateurs évaluait à 50,000 francs environ les objets mobiliers contenus dans l'établissement avant l'arrivée de Denis Brack et de toute sa séquelle. On n'en retrouvait pas pour 10,000 francs. L'ensemble des dégâts était évalué à 104,000 francs.

C'est, je crois, le chiffre qu'ont demandé les Frères devant toutes les juridictions où ils se sont présentés.

***

Un premier jugement fut rendu, le 19 juin 1872, par le Tribunal civil de Lyon, sous la présidence de M. Cuniac.

Challemel-Lacour fut condamné à une centaine de mille fr. de dommages-intérêts.

Il interjeta appel.

L'affaire vint devant la Cour de Lyon, qui confirma le jugement de 1re instance.

Un vice de forme ayant fait casser cet arrêt, l'affaire revint, l'an dernier, devant la Cour de Dijon, qui condamna de nouveau Challemel-Lacour.

Il est vrai qu'un dédommagement lui fut aussitôt accordé par le Suisse Le Royer, l'un des plus étranges gardes des sceaux qu'il ait été donné à la France de contempler depuis que la République sévit sur elle : Le Royer révoqua le procureur général de Dijon qui avait conclu contre Challemel-Lacour et le remplaça par l'avocat qui avait défendu devant la Cour de Dijon le même Challemel-Lacour.

***

Tout naturellement Challemel-Lacour s'est pourvu de nouveau devant la Cour de cassation.

A l'heure où paraît cette brochure, l'arrêt de la Cour suprême n'est pas encore rendu.

Mais il est bon, en attendant, de mettre sous les yeux du lecteur le jugement de 1re instance, que toutes les juridictions successives sont venues jusqu'à ce jour confirmer, ainsi que l'arrêt de la Cour de Dijon.

Voici les passages du jugement de 1re instance qui concerne plus spécialement Challemel-Lacour:

Attendu que la plus grande responsabilité incombe au sieur Challemel-Lacour, qui, *en sa qualité de préfet, a autorisé ces illégalités et* CES DÉLITS, s'est personnellement associé aux provocations de Vassel et des conseillers municipaux.....;

Attendu que le sieur Challemel-Lacour ne saurait s'abriter derrière la précipitation que lui auraient imposée un travail excessif et les préoccupations nées d'agitations et de séditions redoutables; qu'il est inadmissible que le sieur Challemel-Lacour, dont la haute culture intellectuelle est incontestée, ait pu être las ou troublé à ce point que, durant une période de deux mois et demi, du 28 septembre au 15 décembre, il ait signé, sans les lire et sans en comprendre la portée, ces approbations et parfois, pis encore, ces ordres successifs de violation de domicile, d'expulsion de tous les novices et Frères, de transports de dix ou douze vieillards soit à la Charité, soit à l'Antiquaille; que d'une façon pour ainsi dire inconsciente, malgré la protestation des Frères reçue par lui le 13 octobre, *mais laissée sans réponse*, non seulement il ait *maintenu de telles autorisations,* mais que le 28 octobre, il ait prescrit la vente des denrées, *au mépris d'une décision judiciaire qui l'interdisait,* et, le 15 décembre, l'affermage des champs, *la confiscation des revenus et des loyers ;*

....

Qu'il faut donc décider que le sieur Challemel-Lacour est responsable, envers les demandeurs, des dommages par eux soufferts au même titre et *au moins au même degré que Vassel et consorts ;*

.... Que le département ne saurait à aucun degré être engagé *ni par la complicité de* CERTAINS DÉLITS IMPUTABLES AU SIEUR CHALLEMEL-LACOUR PERSONNELLEMENT, ni par ses réquisitions régulières ou non.

Et il y a un considérant qui résume tous les faits au point de vue pénal.

Ce considérant est ainsi conçu :

Attendu que, dans l'espèce, *tous les faits prérappelés constituent* DES DÉLITS CARACTÉRISÉS ET QUALIFIÉS PAR LE CODE PÉNAL, par exemple, *la violation de domicile* (art. 184), *les menaces verbales avec ordre ou sans condition* (art. 307 et 308), *la détention ou séquestration* (Art. 341), l'EXTORSION et le VOL (art. 381 à 401) et diverses variétés de destructions, dégradations et dommages punis par les articles 440, 442, 444, 446, etc.....

Qu'il suffit que le *fait punissable* soit constaté pour que les COUPABLES *ne puissent échapper à ses conséquences* PÉNALES *et civiles...*

Ainsi, aux termes mêmes du jugement de 1re instance, le préfet Challemel-Lacour avait ordonné et dirigé toute une succession de *violations de domicile*, de *menaces verbales,* de *détentions,* de *séquestrations*, de DÉTOURNEMENTS, d'EXTORSIONS et de **VOLS**.

Voici maintenant ce qu'en pense la Cour de Dijon :

Attendu que les faits ci-dessus constituent de véritables attentats contre les personnes et les propriétés.

Attendu que l'action dirigée contre Vassel et consorts et Challemel-Lacour est fondée sur *des actes dommageables dont ils sont* personnellement les auteurs ou les complices ;

Attendu que, dans l'espèce, *les faits sur lesquels repose la demande constituent non-seulement des quasi-délits, mais* DES DÉLITS *et même* DES CRIMES ; *qu'il s'agit, d'ailleurs, d'atteintes portées à la* liberté individuelle et à la propriété ;

Attendu que, commis par un Conseil municipal ou *par un agent de l'administration*, même sous la forme apparente d'un acte administratif, un délit est toujours un délit, un crime toujours un crime, et comme tels soumis aux réparations du droit commun ;

Attendu que ni l'article 475 du Code pénal, ni les décrets des 19 brumaire an III, 15 décembre 1813 et 1er octobre 1870, invoqués par Challemel-Lacour, ne confèrent à une autorité quelconque le droit de requérir l'expulsion d'un citoyen de son domicile et le dépouillement de ses avoirs mobiliers et immobiliers, pour les affecter aux besoins de la défense du territoire ;

Attendu que ni sa qualité de préfet ni celle de commissaire extraordinaire du gouvernement ne lui attribuait le droit de faire des actes qui auraient excédé les limites des pouvoirs appartenant au gouvernement lui-même.

Et cet arrêt de la Cour de Dijon, rendu à la date du 24 janvier 1879, toutes chambres réunies, condamnait l'ex-maire de Caluire Vassel, l'ex-préfet Challemel-Lacour et autres à payer aux Frères les sommes de 97,000 francs à titre de dommages-intérêts, de 80,000 francs représentant le douzième des objets confisqués, le tout avec intérêts depuis 1871, et les dépens du procès, lesquels s'élèvent à la somme de 75,000 francs.

****

Un détail caractéristique pour terminer ce chapitre :

Tous les renseignements que j'ai reçus d'Avranches où Challemel-Lacour naquit et passa son enfance, affirment que ledit Challemel-Lacour, actuellement ambassadeur représentant la France à l'étranger, a été élevé *gratis pro Deo* par les Frères de la doctrine chrétienne établis dans cette ville d'Avranches et que, s'il entra, plus tard, en qualité de boursier, dans un lycée de Paris, ce fut par la protection d'un évêque.

DEUXIEME PARTIE

Je viens de présenter un tableau résumé des principaux actes d'arbitraire et d'exaction dont se rendit coupable, durant son proconsulat, le préfet commissaire extraordinaire Challemel-Lacour.

Or, il est un proverbe toujours vrai qui dit : « Les pommiers ne portent pas de prunes... »

Je vais présenter maintenant au lecteur l'arbre qui produisit Son Excellence l'ambassadeur actuel à Londres, et le lecteur appréciera une fois de plus toute la vérité de ce proverbe.

LA FILIATION

Tout d'abord, donnons deux extraits des registres de l'état-civil :

Aujourd'hui, deux frimaire, cinquième année de la République (1), pardevant moi, Michel Gérard, adjoint municipal de la commune de *Joué-du-Bois*, est comparu le citoyen *Alexandre-Fortuné* CHALLEMEL-ROCOUX (2), domicilié en la commune de Joué-du-Bois, assisté des citoyens François Daliphard et Marin Daliphard frères, domiciliés en cette commune et âgés de plus de vingt-un ans,... lequel a déclaré que la citoyenne Marie-Madeleine-Jacqueline Faneau-Deshayes, son épouse, est accouchée *le trente frimaire dernier*, sur les onze heures du soir, en sa maison, *situé au Mesnil*, d'un garçon auquel il a donné le nom de ARMAND-FIDÈLE-CONSTANT...

---

(1) 22 novembre 1796.

(2) On trouve quelquefois *Chalmel* et quelquefois *Challemel*, comme ici. Mais le nom de *Rocoux* accompagne toujours.

D'après cette déclaration et la représentation qui m'a été faite dudit enfant, j'en ai rédigé le présent, que ledit CHALLEMEL, père de l'enfant, et les témoins ont signé avec moi.

Signé :
CHALMEL-ROCOUX.
FRANÇOIS DALIPHARD, MARIN DALIPHARD.
L'adjoint municipal de Joué-du-Bois,
MICHEL GÉRARD.

***

L'an mil huit cent vingt-sept, et le vingt-un mai, pardevant nous, Jean-Auguste Bellestoile-Dumotet, maire officier de l'état-civil de la commune d'Avranches, département de la Manche, a comparu ARMAND-FIDÈLE-CONSTANT CHALLEMEL-LACOUR, *âgé de trente-un ans,* lequel nous a présenté un enfant du sexe masculin, né le dix-neuf du mois de mai mil huit cent vingt-sept, à cinq heures du soir, fils de ARMAND-FIDÈLE-CONSTANT CHALLEMEL-LACOUR et de Sidonie-Marie Riquet, âgée de vingt-quatre ans, née à la Ferrière (Orne), ses père et mère, MARCHANDS-ÉPICIERS, domiciliés à Avranches, et auquel il a déclaré donner les prénoms de PAUL-ARMAND.

Lesdites déclaration et présentation faites en présence de Célestin Guérin, huissier, et de Jean-Jacques Nicolle, cafetier à Avranches.

Nous avons signé le présent acte de naissance, dont nous avons fait lecture au comparant et aux témoins, qui ont signé avec nous et le père de l'enfant.

Signé :
CHALLEMEL-LACOUR.
CÉLESTIN-GUÉRIN, J. NICOLLE.
Le maire d'Avranches,
BELLESTOILE-DUMOTET.

De ces divers extraits de naissance il résulte que :

1° Challemel-Lacour (Paul-Armand), actuellement ambassadeur de France à Londres, était fils de Challemel-Lacour (Armand-Fidèle-Constant), marchand-épicier à Avranches.

2° Que Challemel-Lacour (Armand-Fidèle-Constant) était fils de Challemel-Rocoux (Alexandre-Fortuné), domicilié à Joué-du-Bois.

Lequel Challemel-Rocoux (Alexandre-Fortuné) était fils de Challemel de la Cour (Jean-Guillaume).

Or voici une série de faits et d'actes qui se rapportent à chacun de ces personnages :

CHALLEMEL-LACOUR (Jean-Guillaume)

AIEUL DE SON EXCELLENCE L'AMBASSADEUR DE FRANCE A LONDRES

Challemel-Lacour (Jean-Guillaume) était notaire à la Ferté-Macé.

C'était un bien agréable citoyen. Une de ses distractions favorites consistait à couper les jarrets des animaux de ses ennemis à l'aide d'une canne fourrée.

Mais ce n'était pas la seule distraction qu'il se donnât, ainsi qu'on va le voir par le récit suivant, basé sur des pièces officielles :

Jean-Guillaume Challemel avait soif de titres de noblesse. Déjà il se faisait appeler lui-même « Monsieur de la Cour. » Mais cela ne lui suffisait pas et, ayant acquis de la famille R... du Mesnil une partie de la propriété de ce nom, il convoitait, en outre, l'autre partie, afin de donner le nom du Mesnil à son troisième fils, qui, à cause de cette prétention, portait déjà dans le pays le sobriquet de Mesnilcourt.

Or la famille R... du Mesnil avait toujours énergiquement résisté aux obsessions du notaire de la Ferté-Macé et persistait à ne pas vouloir lui céder le reste de la propriété.

1789 arrive. Paris prélude à la révolution. Bientôt les provinces mêmes suivent le mouvement, et il ne tarde pas d'y régner une sorte de terreur : on brûle les châteaux, on égorge les nobles, on traque les suspects...

Jean-Guillaume Challemel crut le moment favorable de ravir par la violence ce qu'il n'avait pu obtenir par la persuasion.

Précisément le chef de la famille du Mesnil était, en ce moment assez gravement malade, et le tabellion de la Ferté-Macé allait jusqu'à affirmer qu'il « en crèverait. »

L'occasion était donc on ne peut plus propice. On essaya d'en profiter.

Laissons parler le réquisitoire de l'avocat du roi au bailliage de Falaise.

Voici le texte de ce réquisitoire :

L'avocat du roi au bailliage de Falaise, qui a eu communication de la plainte présentée par le sieur R... du Mesnil, propriétaire, demeurant à Joué-du-Bois, contre le sieur *Challemel-Lacour*, notaire au bourg de la Ferté-Macé, ensemble de toutes les pièces du procès, requiert que le sieur *Challemel*, prévenu par ladite information D'AVOIR ÉTÉ A MAIN ARMÉE, le 5 septembre dernier, ACCOMPAGNÉ DE SES DEUX FILS, ROCOUX ET MESNILCOURT, de ses fermiers, nommés Levannier et Bobot, d'un autre particulier nommé Michel Chollet et de deux inconnus, *tous armés à leur manière, les uns de haches, de fusils, les autres de couteaux de chasse, de bâtons ferrés, et, dans cet appareil de guerre, de s'être transportés sur la propriété dudit sieur R... du Mesnil, d'avoir, ledit sieur Challemel, présidé et travaillé lui-même au renversement d'une barrière, à la démolition d'un mur servant à clore et à partager les héritages du plaignant*, d'avoir fait abattre deux noyers plantés sur les mêmes héritages.

Prévenu pareillement d'avoir continué ces excès en tous genres *et dont on ne connaît pas d'exemple*, quoique le plaignant, tout malade qu'il était, se fût transporté sur le lieu de la scène et lui eût interjeté clameur de haro de passer outre.

Prévenu encore DE S'ÊTRE TRANSPORTÉ, *sur les dix heures du soir, toujours accompagné de ses deux fils*, du nommé Chollet et de quelques inconnus, *armés de fusils et d'épées*, DANS LE JARDIN DU PLAIGNANT, *d'avoir dévasté et arraché des palis servant de clôtures, enfin de s'être porté* A TOUTES LES DÉVASTATIONS POSSIBLES, malgré les défenses réitérées en clameurs de haro.

Requiert que le sieur Lacour, que le sieur Lacour fils, *prévenu d'avoir depuis cette époque saisi le sieur plaignant par le collet, de l'avoir ainsi atterré, quoique son état de faiblesse dût arrêter le sieur Rocoux*, prévenu enfin *de ne s'être porté à toutes ces violences que de propos délibéré, avec un dessein médité, avec des forces capables d'en imposer*.

Soit décrété, ainsi que ses deux fils, Rocoux et Mesnilcourt, les nommés Levannier, Bobot et Chollet *à comparaître personnellement devant* M. le lieutenant criminel et dans les délais de l'ordonnance, pour prêter interrogatoire sur les faits mentionnés dans la plainte et résultant de l'interrogation, *pour après être requis contre eux et ordonné ce qu'il appartiendra*.

Requiert encore l'avocat du roi, VU LA GRAVITÉ DU DÉLIT, *qu'il soit fait défense aux parties de s'arranger qu'en notre présence*.

Ce 28 août 1790. *Signé :* BRUNET.

Le jour de l'audience arrivé, il fut procédé à l'interrogatoire des accusés et à l'audition des témoins par M. Jean-René Le Clerc, sieur de la Sauvagère, conseiller du roi et doyen des conseillers au bailliage de Falaise, faisant fonctions de lieutenant criminel, assisté de M⁰ Jean-François Guerne, greffier.

Tous les accusés répondirent effrontément :

— Nous n'étions pas à Joué-du-Bois ce jour-là.

Laissons maintenant parler les témoins.

Voici la déposition des deux principaux, d'après le procès-verbal du greffier :

DÉPOSITION DE JEAN BROUT
âgé de vingt ans.

Le soir du 5 septembre 1789, sur les environs de dix heures, le témoin fut réveillé par le sieur du Mesnil, dans l'appartement duquel il était couché, lequel lui dit :

— Voilà le sieur de la Cour (1) qui brise mes palis. Va-t-en réveiller ma servante, afin qu'elle fasse venir son père et son frère.

Ce que le témoin ayant fait, avant de monter dans la chambre où était ladite fille, entr'ouvrit la porte du jardin. *Mais, ayant vu le sieur de la Cour et autres,* ARMÉS DE FUSILS, *qui s'avancèrent vers la porte, il la referma.* Et, étant monté dans la chambre où était couchée ladite fille, il lui dit, de la part de son maître, d'aller réveiller son père et son frère pour voir le vacarme que faisaient le sieur de la Cour et ses gens...

Et, après que ladite fille Goullard, ainsi que son père et son frère, furent arrivés à la maison, le sieur du Mesnil sortit de son lit à l'aide de ses deux béquilles et, s'étant approché de la croisée, laquelle est grillée en dehors de barres de fer, cria plusieurs fois au sieur de la Cour qu'il lui faisait défense en clameur de haro de continuer ses attentats.

Sait le témoin que le sieur de la Cour répondit, et ce pour l'avoir entendu :

— Sors, sacré fripon,... sacré voleur,... avec tes faux témoins !

Et, dans ce moment, Jacques Goullard père, qui était dans la chambre, ainsi que le témoin, dit :

— Comment sortirons-nous, *tandis que vous êtes armés de fusils à garder la porte ?*

Et, en effet, le témoin vit par la fenêtre *le fils du sieur de la Cour, appelé Rocoux, ayant un fusil à deux coups, posté à un des côtés de la porte et,* de l'autre côté, Michel Chollet, soldat, *armé d'un fusil simple.* Vit aussi le sieur de la Cour père, ARMÉ D'UN BATON AYANT AU BOUT UNE BAÏONNETTE, et son fils Mesnilcourt, ARMÉ D'UN COUTEAU DE CHASSE, étant l'un et l'autre près de la fenêtre.

Et pendant ce temps trois personnes, dont deux inconnues aux témoins et l'autre Jacques Bobot, fermier du sieur de la Cour, arrachaient et brisaient le palis du jardin.

Etant redescendu dans l'appartement du sieur du Mesnil, *et, s'étant couché par la peur dans un des coins de la cheminée, il vit cependant le fils aîné du sieur de la Cour, nommé* Rocoux, *ayant son fusil à la main,* MONTER JUSQU'A TROIS FOIS LE LONG DE LA CROISÉE, en proférant quelques paroles que ne distingua point le témoin. La troisième fois, *M. du Mesnil, saisi de peur, se laissa tomber dans la ruelle de son lit et se traîna comme il put, nu-pieds et en chemise, derrière une armoire où il resta près d'une heure.*

Il entendit dire par quelqu'un :

— En voilà assez pour un jour.

Et le sieur de la Cour de répondre :

— CASSE,... CASSE,... BRISE TOUT !

Le même témoin nous dit encore que, quelque temps après, *le fils du sieur de la Cour, nommé Rocoux, voyant le sieur du Mesnil qui était dans la cour et marchait à l'appui de ses deux béquilles, lui vomit plusieurs injures et,* S'ÉTANT JETÉ A LA FIN SUR LUI, LE RENVERSA PAR TERRE.

Nous dit qu'une autre fois, le sieur du Mesnil allant à son pressoir, le même fils de la Cour, qui avait une épée dans une canne, *la tira par trois fois,* disant :

— Tiens, vois-tu, du Mesnil...

DÉPOSITION DE MARIE GOULLARD

Marie Goullard avoue qu'elle fut tellement effrayée qu'elle aurait voulu quitter son maître ; qu'elle s'enfuit dans la chambre, d'où elle entendit une voix dire :

— *Si ce bougre-là sort,* IL FAUT LUI PASSER TROIS BALLES AU TRAVERS DU CORPS.

Et, le témoin ayant regardé alors par le coin de la croisée ce qui se passait dans le jardin, *elle vit le sieur de la Cour fils se retirer dans le jardin* ET PRÉSENTER VERS LA CROISÉE OÙ ÉTAIT SON MAITRE LE BOUT DE SON FUSIL EN COUCHANT EN JOUE, *comme s'il eût voulu tirer vers la fenêtre.*

L'affaire suivit son cours, et Jean-Guillaume Challemel et ses enfants furent condamnés successivement au bailliage de Falaise et à la Cour de Caen, où ils en avaient appelé.

CHALLEMEL (ou CHALMEL) LACOUR (ou ROCOUX ou ROCOUR)

GRAND-PÈRE DE SON EXCELLENCE L'AMBASSADEUR ACTUEL DE FRANCE A LONDRES

Alexandre-Fortuné Challemel ou Chalmel dit Rocoux ne se borna pas à prendre part aux expéditions organisées par son père Jean-Guillaume contre la famille du Mesnil.

Il en organisa aussi lui-même.

M. Mesnil avait un fils âgé de 15 à 16 ans en 1792. Ce jeune homme, nature douce et timide, qui se destinait à l'état ecclésiastique, avait dû, à la suite des persécutions contre le clergé, quitter la ville de Séez, où il habitait chez son oncle, chanoine du chapitre, et il était rentré sous le toit paternel.

A peine revenu à Joué-du-Bois, M. R. du Mesnil fils se trouva en butte aux attaques de Chalmel-Rocoux.

Une première agression de la part de ce dernier eut lieu le 3 messidor an IV. Une seconde eut lieu dans le courant de thermidor même année.

M. R. du Mesnil ayant raconté ces faits à ses amis, Rocoux, soit par crainte, soit pour payer d'audace, prit les devants et porta plainte contre M. du Mesnil pour diffamation.

L'affaire fut appelée, pour la première fois, le 9 fructidor an IV, à l'audience de la justice de paix de Carrouges.

Je trouve dans la procédure un jugement préparatoire or-

— 40

donnant l'audition des témoins et exposant les faits ainsi qu'il suit textuellement :

Devant nous François Chapelle, juge de paix du canton de Carrouges, assisté des citoyens Joseph Le Royer et Pierre Thiraux, nos assesseurs, et de Dominique Sénéchal, notre greffier ordinaire,

Est comparu le citoyen Alexandre-Fortuné Chalmel-Rocoux, demeurant en la commune de Joué-du-Bois, demandeur contre le citoyen R..., de la même commune, défendeur, lequel dit demandeur nous a exposé que journellement ledit défendeur ne cesse de tenir contre lui les inventions les plus atroces.

Concluant à ce que ledit Mesnil soit condamné à 12.000 livres de dommages-intérêts.

Est aussi comparu ledit citoyen R. du Mesnil, lequel a dit que, le 3 messidor dernier, *à la chute du jour*, *Rocoux, étant aux aguets pour exécuter son projet*, profita du moment où le fils du Mesnil était sorti de sa maison pour faire ses besoins. A peine eut-il été reconnu par Rocoux que *celui-ci lui porta plusieurs soufflets et lui donna plusieurs coups de pied*. Sur les cris de son fils, le comparant sortit de sa maison... Rocoux MENAÇA LEDIT R... DE LUI PASSER SON COUTEAU DANS LE VENTRE. Il se retira en publiant qu'il était un fripon, un chouan.

En outre, dans une promenade que fit le fils Mesnil, il y a environ 30 à 40 jours, un dimanche qu'il était parti de son domicile pour se rendre à la Villière, il fut atteint par le nommé Rocoux à la croix du Mesnil. *Là il reçut plusieurs coups de bâton*, en quittant le grand chemin de la Villière pour passer dans une pièce de terre.

Le fils Mesnil se fit entendre par ses cris, qui assemblèrent quelques personnes, lesquelles étant postées dans un endroit où elles ne pouvaient être vues, Rocoux crut que l'occasion était plus belle que jamais. *Armé d'un gros bâton, il se hâta de rejoindre le fils Mesnil. Il y réussit et* LUI ASSÉNA DES COUPS DE MASSUE, ET IL L'AURAIT INFAILLIBLEMENT TUÉ *si ledit Mesnil père ne se fût hâté d'aller à son secours*.

Pourquoi ledit Mesnil demande acte de ce qu'il se rend incidemment demandeur, aux offres de prouver encore que Rocoux criait à un nommé Mesnilcourt, son frère, d'arrêter ledit Mesnil, AFIN DE LE JETER DANS UNE MARE NOMMÉE LA MARE DU MESNIL. *Il prit une pierre, qu'il jeta sur le comparant, en disant : « Arrête, arrête, Mesnilcourt !...* FRAPPE PAR DERRIÈRE, ET MOI JE VAIS FRAPPER PAR DEVANT. *Au même instant, il approcha dudit Mesnil et lui poussa un coup de poing dans l'estomac.*

Le 23 fructidor an IV (9 septembre 1796), l'affaire fut appelée de nouveau, pour entendre des témoins. La plupart des témoins cités, entre autres Etienne et Pierre Bobot, Léveillé et sa femme et la femme de Marin le Camu, n'ayant osé comparaître, par crainte d'encourir la vengeance de Chalmel-Rocoux, de nouvelles auditions eurent lieu le 2 vendémiaire an V (23 septembre 1796), le lendemain 3 vendémiaire (24 septembre) et le 30 vendémiaire (21 octobre).

Enfin le mercredi 5 brumaire an V (28 octobre 1796) fut prononcé le jugement suivant :

Nous juges et assesseurs, d'avis conforme, après avoir mûrement lu et examiné toutes les pièces du procès ;

Enumération desdites pièces.

Vu ce qui résulte du tout, et sans avoir égard aux demandes faites par ledit citoyen Rocoux par son dernier verbal, avons lui dit citoyen Rocoux, demandeur, en déclarant la preuve par lui ci-devant faite faillie, condamné, au bénéfice dudit citoyen R... du Mesnil, en 70 livres espèces métalliques de dommages-intérêts et aux dépens, après l'avoir reçu dans la demande incidente qu'il a formée contre le dit citoyen Rocoux et dans la preuve qu'il a faite de faits insérés dans son dit verbal.

***

Ce sont là des faits sans grande importance, dira-t-on.

J'aurais, en réponse, le droit de faire remarquer que 70 livres de dommages-intérêts et les frais, c'était une peine grave au temps dont il s'agit. Mais je n'insiste pas là-dessus.

Rocoux (Alexandre-Fortuné) fit mieux que cela dans l'avenir, et les faits ci-dessus rappelés s'effacent, en effet, devant ceux que je vais avoir à rapporter.

Nous sommes en 1815.

Chalmel-Rocoux (Alexandre-Fortuné) a épuisé sa fortune. La terre du Mesnil est criblée d'hypothèques. Toujours les armes à la main, il est la terreur du pays. Il ne trouve plus ni fermiers ni ouvriers, et ses champs demeurent en friche. La pauvreté croît chaque jour, et le pain vient à manquer à la maison.

Alors Chalmel-Rocoux (Alexandre-Fortuné) essaie de se procurer de l'argent par un crime :

Aidé de Chalmel (François), son frère, il attire dans un guet-apens un sieur Léveillé, et là, lui mettant le pistolet sous la gorge, il le force à souscrire un billet à ordre au nom d'un sieur Fouyé, de Lignières (Mayenne).

Quelque temps après, Chalmel (Alexandre-Fortuné), Chalmel (François) et Léveillé sont mis en état d'arrestation, et l'affaire vient devant la Cour d'assises d'Alençon.

Plus de soixante témoins sont entendus et, en dehors même du faux qui lui est reproché, Chalmel (Alexandre-Fortuné) est convaincu d'avoir commis plusieurs viols sur des femmes de Joué-du-Bois ou des environs.

Le dénouement de ce procès d'assises, je ne le donnerai pas moi-même. Je me bornerai à l'emprunter mot pour mot au journal qui l'a résumé quelques jours après qu'il se fut produit.

On lit dans le

JOURNAL D'ALENÇON *du 14 mai 1815.*

ARRÊTS RENDUS PAR LA COUR D'ASSISES DU DÉPARTEMENT DE L'ORNE, SÉANT A ALENÇON, PENDANT LA SESSION DU 2ᵉ TRIMESTRE DE 1815.

Les 20 et 21 avril. — Alexandre-Fortuné CHALLEMEL-ROCOUX, ci-devant huissier, demeurant à Joué-du-Bois, arrondissement d'Alençon ;

FRANÇOIS CHALLEMEL, marchand de toiles, demeurant à la Ferté-Macé, arrondissement de Domfront ;

Convaincus de complicité de faux en écriture de commerce, ont été condamnés, savoir :

Le premier A VINGT ANNÉES, et le second, A SIX ANNÉES DE TRAVAUX FORCÉS, A LA FLÉTRISSURE DE LA MARQUE DES LETTRES T. F. et solidairement aux frais.

François Léveillé, teinturier, demeurant à Joué-du-Bois, accusé de complicité de ce crime, a été mis en liberté, d'après la déclaration du jury, portant que *ledit Léveillé a été contraint, par une force à laquelle il n'a pu résister, à fabriquer le faux billet.*

Challemel-Rocoux (Alexandre-Fortuné), grand-père de son Excellence l'ambassadeur représentant en ce moment la France à Londres, mourut au bagne quelques années après.

CHALLEMEL-LACOUR (ARMAND-FIDÈLE-CONSTANT)

PÈRE DE SON EXCELLENCE L'AMBASSADEUR A LONDRES.

Chalmel-Rocoux avait un fils du nom de Chalmel (Armand-Fidèle-Constant).

Ce fils s'était fait connaître à Joué-du-Bois par son caractère violent.

Après la condamnation de son père aux travaux forcés, Armand-Fidèle-Constant Challemel alla s'établir à la Ferté-Macé, où il reprit le nom de Lacour, que portait son grand-père, et s'allia à la famille Riquet. Mais un nouvel acte de violence faillit au moins lui faire rejoindre son père au bagne.

C'était le 4 décembre 1822.

Dans un café situé au coin de la place du marché, à la Ferté-Macé, Challemel-Lacour (Armand-Fidèle-Constant) faisait la partie de billard avec plusieurs individus de la localité, parmi lesquels un jeune homme de 23 ans, fils d'un pharmacien, le sieur Alexis Dupont.

Survint une discussion.

Alexis Dupont s'étant permis d'appeler Challemel « Graine de galère, » celui-ci le frappa d'un coup de queue de billard de la façon la plus violente....

La victime de cette brutalité put s'en retourner chez elle au bras d'un ami. Mais, arrivé à son domicile, Alexis Dupont perdit connaissance, et, malgré les soins de sa famille, il mourut trois jours après, le 7 décembre, à 3 heures du matin.

Alexis Dupont fut inhumé dans le cimetière de la Ferté-Macé le 8 décembre 1822.

Quelles furent pour Challemel-Lacour les suites de ce meurtre ?

Ici se présentent deux versions qu'il m'a été impossible de tirer au clair d'une façon bien nette, vu l'époque déjà éloignée des évènements.

Selon la première version, le jeune Dupont était un ivrogne, faisant sa société de ce qu'il y avait de moins honorable dans le pays, et de la mort duquel sa famille fut assez peu attristée. Dans ces conditions, la mère de la victime (le père étant mort) se serait contentée d'exiger que l'assassin quittât le pays, renonçant à cette condition à toute poursuite pour sa part.... Et l'affaire en serait restée là.

D'après une autre version, la justice se serait saisie de l'affaire. Une instruction aurait été ouverte. Mais la mère de Dupont, après avoir exigé le départ du coupable pour un autre pays, aurait écrit aux juges en sa faveur, déclarant la faute involontaire.

Ce qui est certain, c'est que Challemel-Lacour (Armand-Fidèle-Constant) n'alla pas au bagne, comme son père et son oncle.

Il se retira à Avranches, où on le trouve, comme je l'ai montré plus haut, faisant inscrire, en 1827, le futur ambassadeur de la République sur le registre des naissances.

A Avranches, Challemel-Lacour (Armand-Fidèle-Constant) entreprit un commerce d'épicerie.

Ses affaires n'y prospérèrent pas.
La pièce suivante le prouve péremptoirement :

JOURNAL DE GRANVILLE, *numéro du 12 mai 1838*.

FAILLITES

Par jugement du Tribunal de commerce de Granville (Manche), en date du 11 mai 1838, le nommé ARMAND-FIDÈLE-CONSTANT CHALMEL-LACOUR, *épicier à Avranches*, A ÉTÉ DÉCLARÉ EN ÉTAT DE FAILLITE.

M. Thérouide a été nommé juge commissaire, et Lefrançois, huissier à Avranches, syndic de ladite faillite.

Le jugement ordonne, en outre, que la personne de ARMAND-FIDÈLE-CONSTANT CHALMEL-LACOUR *sera gardée à vue par Legros, huissier à Avranches.*

Que devint ensuite Challemel-Lacour (Armand-Fidèle-Constant)? — Je n'ai pas à m'en préoccuper.

Ce que je puis affirmer, en tous cas, c'est qu'à l'heure où j'écris ces lignes il n'a pas encore été relevé de sa faillite.

CONCLUSION

Tous les faits que contient cette brochure et bien d'autres encore non moins édifiants ont été, avant que je les eusse réunis sous cette forme, publiés intégralement dans la *Comédie politique*.

Chaque article, au fur et à mesure qu'il paraissait, a été expédié sous pli chargé, soit par le fait de l'administration de la *Comédie politique*, soit par le fait des amis de ce journal, non-seulement à Challemel-Lacour, mais encore à Gambetta, mais encore à Freycinet, mais encore à tout le corps diplomatique.

D'autre part, la presse tout entière a répété et commenté les articles de la *Comédie politique*.

Enfin, s'il ne s'est pas trouvé dans le Parlement français un député assez bien inspiré et peut-être assez résolu pour jeter publiquement à la face du gouvernement

toute la honte du choix d'un pareil drôle pour représenter la France à l'étranger, il s'en est trouvé un dans le
Parlement anglais pour venir hautement déclarer qu'il y
a des gens qu'une nation qui se respecte ne saurait recevoir chez elle à un titre officiel.

Nul donc parmi les intéressés n'a ignoré les faits contenus dans cette brochure :

Le gouvernement français a tout connu.

Le gouvernement anglais a tout su.

Challemel-Lacour a tout lu.

Le gouvernement français a profité du jour où l'indi-
gnité absolue d'un de ses agents diplomatiques venait
d'être révélée et étalée au grand jour et de révolter l'opi-
nion publique honnête pour donner à cet agent de l'a-
vancement, pour le faire passer de Berne à Londres et
pour porter son appointement de 60.000 à 200.000 fr.

.Le gouvernement anglais a consenti à recevoir ce fils
de scélérats, scélérat lui-même, sur la promesse, sans
doute, qu'on lui ferait un traité de commerce avantageux
et qu'on servirait, au besoin, ses projets sur l'Orient, dût
la France en pâtir ou en périr !

Quant à Challemel-Lacour, lui qui, l'an dernier, demandait aux tribunaux et — ce qui est plus étonnant —
en obtenait 10.000 francs de dommages-intérêts pour
un article de journal insinuant qu'il lui serait arrivé un
jour de tricher au jeu, quant à ce Challemel-Lacour si
farouche, si susceptible, si prompt à l'indignation, il
est resté coi, dévorant en silence le tableau des scéléra-
tesses de ses ascendants et de sa gredinerie personnelle,
et il s'est bien gardé, cette fois, de porter l'affaire devant
les tribunaux.

Je lui ai lancé à cet égard tous les défis imaginables
et possibles : il ne les a pas relevés.

Cesdéfis, je les lui adresse encore.

Voyons, citoyen ambassadeur, les journaux que vous inspirez ont prétendu que les articles de la *Comédie politique* — lesquels articles forment le fond de cette brochure — n'étaient que des calomnies... Venez établir par un débat public devant les tribunaux que vos journaux ont eu raison !

Venez prouver que votre aïeul Jean-Guillaume ne fut pas un malfaiteur plusieurs fois condamné comme tel !

Venez prouver que votre grand-père Alexandre-Fortuné et votre grand-oncle François, après une foule de méfaits de second ordre, ne finirent pas par être condamnés pour faux aux travaux forcés et ne subirent pas sur la place publique la flétrissure de la marque au fer rouge !

Venez prouver que votre père Armand-Fidèle-Constant ne fut pas un assassin et un failli non réhabilité.

Venez prouver enfin que vous-même, citoyen ambassadeur, ne vous êtes pas montré en toutes circonstances le digne héritier de pareils bandits !

Je vous attends, citoyen ambassadeur !

Je vous attends au milieu de véritables angoisses patriotiques, car, malgré que la France soit en République, je n'oublie pas que la France est mon pays, et je me prends à songer qu'un débat public et solennel, vous achevant comme diplomate et comme homme d'Etat, délivrerait mon pays de la honte d'être représenté par un homme tel que vous auprès d'une grande nation telle que l'Angleterre.

Allons, citoyen ambassadeur, un peu de cette crânerie dont vous fîtes preuve, l'an dernier, vis-à-vis de la *France nouvelle !*

Encore une fois, je vous attends !

VIDELICET.

LA COMÉDIE POLITIQUE

JOURNAL SATIRIQUE HEBDOMADAIRE CONSERVATEUR ILLUSTRÉ

(3ᵐᵉ Année)

Directeur-Administrateur : Adolphe PONT

Principaux rédacteurs : ABEL DUCANGE, DECLERCHE, RAOUL, TUR-LU-TU-TU, BEY-MOL, DANIEL, BARUFAS, etc., etc.

En dehors des articles d'actualité, sérieux ou humoristiques, des critiques littéraires, politiques, sociales ou religieuses, la *Comédie politique* publie en ce moment, sous le titre

Le MARÉCHAL GAMBETTA

La seconde série d'une importante étude sur le fameux tribun, triste et sinistrement grotesque, joué, en 1870-71, dans la curée de nos armées, par le ridicule Dictateur de Tours et de Bordeaux, par ses courtisans et créatures.

Bureaux à Lyon : 30, Rue de la République

ABONNEMENTS : Six mois 6 fr. — un an 11 fr.

Étranger : le port en sus.

52 numéros ordinaires et 12 primes-gravures par année.

Chaque abonné à la *Comédie politique* reçoit un exemplaire de la brochure de 113 pages in-18 intitulée : M. le Préfet de police, et suffit d'envoyer au bureau du journal 20 centimes pour frais d'expédition.